Bertram Becker

# Gegenüberstellung von 3 Eingangsbeispielen zur Objektorientierten Programmierung in der Schule

GRIN Verlag

**Bibliografische Information der Deutschen Nationalbibliothek:**

Die Deutsche Bibliothek verzeichnet diese Publikation in der Deutschen National-
bibliografie; detaillierte bibliografische Daten sind im Internet über http://dnb.d-
nb.de/ abrufbar.

**Impressum:**

Copyright © 2007 GRIN Verlag, Open Publishing GmbH
Druck und Bindung: Books on Demand GmbH, Norderstedt Germany
ISBN: 978-3-640-98692-7

**Dieses Buch bei GRIN:**

http://www.grin.com/de/e-book/177055/gegenueberstellung-von-3-eingangsbei-
spielen-zur-objektorientierten-programmierung

# Gegenüberstellung von 3 Eingangsbeispielen zur Objektorientierten Programmierung in der Schule

Seminararbeit im Fach Informatik für das Lehramt
an der
Freien Universität Berlin

vorgelegt von
Bertram Becker

(Gasthörer der Universität Potsdam)

Seminar: Ausgewählte Kapitel der Informatikdidaktik

Eingereicht am: 24. Juni 2007

# Inhaltsverzeichnis

# 1 Objektorientierte Programmierung in der Schule

In den Informatik-Lehrplänen der einzelnen Bundesländer ist das Objektorientierte Programmieren nur sporadisch zu finden.

Im Berliner Rahmenplan ist von *Ansätzen einer objektorientierten Sichtweise* die Rede, im Brandenburger ist immerhin das *objektorientierte Modellieren* enthalten.

Eigene Erfahrungen und solche, die im Seminar gesammelt wurden, liessen darauf schliessen, dass die Informatiklehrer selbst eine Vielzahl an Meinungen über die Relevanz objektorientierter Programmierung (in der Schule) haben. So sind manche davon überzeugt, dass es sich dabei um das Programmierkonzept der Zukunft handelt und unbedingt so früh wie möglich vermittelt werden muss. Für andere wiederum stehen Kompetenzen wie *Teamfähigkeit*, *Verlässlichkeit* oder *Selbstorganisation* an oberster Stelle, da diese ausreichen, um später im Leben nahezu jede Situation zu meistern, oder zumindest zu wissen, wo es anzusetzen gilt.

Ebenso vielfältig wie die Meinungen zum Thema selbst, sind auch die Herangehensweisen der verschiedenen Lehrer, wie man Objektorientierung einführt, was es an Nutzen bringt und wo sich Schwierigkeiten ergeben könnten.

## 1.1 Einführung zu Threshold-Concepts

Recht modern und in vielen Punkten plausibel ist der Ansatz der *Threshold-Concepts*, den ich hier kurz erläutern möchte, bevor ich ihn verwende.

Der Begriff des *Threshold-Concept* leitet sich aus dem englischen Wort *threshold: dt. Schwelle* ab und lässt sich leidlich mit dem Begriff *Schwellen-Konzept* übersetzen. Oft spricht man auch nur von *Thresholds*.

Es geht dabei um sogenannte Kern-Inhalte der Informatik, fundamentale Ideen, die eine Art Grundstein legen für das weitere Vorgehen an einen Themenbereich und die ganz zentral in der Disziplin verankert sind[1].

---

[1] Schwill, 1994

Die Definition eines beliebigen Informatik-Themas als Threshold liegt an jedem selbst. Es gibt jedoch ein paar Bereiche, die mit wenig Widerspruch als fundamentale Ideen der Informatik und als Threshold bezeichnet werden. Im Threshold-Draft von Boustedt und seinen Mitarbeitern[2] werden zwei Bereiche als Thresholds herausgehoben, das Objektorientierte Programmieren und das Arbeiten mit Speicher und Zeigern. Es gibt aber noch weitere Themen, die andernorts als Thresholds gehandhabt werden, wenn auch teilweise nicht so bezeichnet, so z.B. die Rekursion.

## 1.2   Objektorientierung als Threshold in der Schule

Im Alltag des Informatikunterrichts gibt es teilweise andere Ansichten, welche Themengebiete als Thresholds gesehen werden.

Häufig ist es wieder das Konzept der Rekursion, welches meist schon in der Mathematik behandelt wurde, doch oft nicht verstanden. Für einige stellt auch das (imperative) Programmieren selbt, die Möglichkeit, dem Computer Befehle zu erteilen, ein schwellenartiges Konzept dar.

Bei einem Bereich sind sich jedoch sehr viele Lehrer einig, dass es als Threshold-Concept gilt, wenn auch die Bezeichnung *Threshold* als solche nicht benutzt wird: Das Konzept der Objektorientierten Programmierung.

Das Objektorientierte Programmieren (OOP) ist die weiterführende Art, Computerprogramme zu entwickeln. Sie ist die modernste Art und die letzten Jahre haben gezeigt, dass kein Weg zur professionellen Programmierung an der OOP vorbeiführt.

Folgende Fragen bleiben dennoch:

- Müssen Schüler mit OOP in dem Masse konfrontiert werden, dass ein weiteres Voranschreiten im Stoff keinen Sinn macht, ohne dass sie von jedem Schüler vollständig verstanden wurde?

- Oder ist die Imperative Programmierung ausreichend, um einen Einblick in die Computerprogrammierung zu erhalten?

---

[2]Boustedt, Eckerdal, McCartney, Moström, Ratcliffe, Sanders und Zander: Threshold Concepts in Computer Science: a multi-national empirical investigation, 2006

- Muss man nicht, gerade um einen realistischen Einblick in moderne Softwareentwicklung zu erhalten, die OOP zeigen, schliesslich ist es genau das, was in der Realität benutzt wird?

- Ist der Stoff im Informatikunterricht (und die Imperative Programmierung) nicht anspruchsvoll genug, so dass die OOP vielleicht eher das i-Tüpfelchen bilden sollte?

Diese Fragen sind nicht unbedingt leicht zu beantworten, da jede Sichtweise ihre Berechtigung hat. Auch kommt es immer auf das Vorwissen der Schüler an, ihr mitgebrachtes Interesse, und auf die Art des Unterrichts (Grundkurs, Leistungskurs).

Ausserdem ist in vielen Bundesländer noch immer nicht die Frage geklärt, welche Priorität der Informatikunterricht als Fach generell inne haben soll.

Diese Schwierigkeit, die Wichtigkeit der OOP in der Schule zu bestimmen, ist auch der Grund dafür, weshalb es dazu in den Lehrplänen wenig Konkretes gibt. Es wird meist den Lehrern selbst überlassen, diese Fragen für ihren Unterricht zu beantworten.

# 2  Einführung von Objektorientierung in der Schule

Wir haben uns einmal *für* die Objektorientierte Programmierung in der Schule entschieden.

Um diese einzuführen gibt es verschiedene Möglichkeiten:

Eine Variante ist das Vorangehen ganz nach dem Lehrbuch, mit wenig Ablenkung und sehr viel geballten Fakten und Theorien. Wie in jedem anderen Fachgebiet auch, besteht dabei eine besonders hohe Informationsdichte und es kann viel Wissen in recht kurzer Zeit vermittelt werden. Der Nachteil wäre dabei, dass der Unterricht oft als recht trocken empfunden wird, was zu Nebentätigkeiten der Schüler führen könnte. Auch ist hohe Konzentration nötig um dem Stoff folgen zu können, wodurch vermutlich auch mehrere Schüler Gefahr laufen, einfach stofflich auszusteigen.

Die Schüler könnten auch direkt ins Geschehen geworfen werden, indem sie imperativ einen Bereich programmieren (oder ändern) sollen, der Teil einer Klasse ist, und sie erst später erkennen, dass sie einen Bestandteil einer Objekt-Struktur erstellt haben.

Es besteht auch die Möglichkeit, die Schüler losgelöst von jeglicher Programmierung, mit Objekten und deren Eigenschaften vertraut zu machen und Analogien im Alltag zu finden, in denen ähnliche Strukturen wie in der Objektorientierung zu erkennen sind.

Interessanterweise fällt das Verständnis von Objektorientierung häufig denen leichter, die noch nie etwas mit Imperativer Programmierung zu tun hatten, im Gegensatz zu denen, die bereits Erfahrung im imperativen Programmieren haben. Das Problem besteht darin, die traditionelle Denkweise des Kontrollbesitzes aufzugeben, wie sie in prozeduralen Programmen existiert. Statt dessen müssen die begrenzten *Kenntnisse* eines Objekts verlässlich ausreichen um eine entsprechende Aufgabe zu lösen[3]. Menschen, die es nicht gewohnt sind, imperativ zu programmieren (vermutlich noch nie programmiert haben), fällt es in der Regel leichter, sich auf die Struktur von Klassen und Objekten mit Eigenschaften einzulassen.

## 2.1 Das Geheimnis der Einführungsbeispiele

Didaktische Forschungen haben gezeigt, dass sich Sachverhalte am besten einprägen, wenn man sogenannte *Mind Maps* kreiert, d.h. wenn man möglichst viele thematische Verknüpfungen im Gehirn zum Sachverhalt schafft. Diese Verknüpfungen machen nur dann Sinn, wenn sie sich auf bekanntes Wissen beziehen, auf Dinge, die die Schüler ganz sicher kennen, mit denen sie im täglichen Leben konfrontiert werden.

Bei dem Thema Objektorientierung liegt der Grundzusammenhang, nämlich der der Klassen und Objekte, die bestimmte Eigenschaften haben, ausserhalb der Computerwelt. Dieser Zusammenhang ist ein ganz natürlicher, der sich sogar noch viel häufiger im Alltag finden lässt als in Computerprogrammen. Deshalb bietet sich für die Einführung in die OOP ein solches Eingangsbeispiel aus der Lebenswelt des Schülers sehr gut an.

---

[3]Kent Beck: A Laboratory For Teaching Object-Oriented Thinking, 1989

Wenn dann die Struktur ersichtlich und verständlich ist, dann lässt sich das im jeweiligen Beispiel gezeigte System auch schematisch programmieren und die auf Objekte bezogene Struktur ergibt Sinn. Das ganze kann ohne Programmierkenntnisse geschehen, denn das Elementare ist die Struktur, die dem jeweiligen Beispielsystem zu Grunde liegt.

## 2.2  Beispiel 1 - Flaschendrehen

Das Spiel *Flaschendrehen* kennen die meisten Schüler. Es ist sehr einfach gehalten und wir betrachten es in folgender Variante:

Es können beliebig viele Spieler teilnehmen, mindestens jedoch 2. Jeder Spieler hat ein Startkapital von Chips, Coins, EUR-Cent oder sonstigen Einheiten, um die gespielt wird. Wir werden fiktive Coins benutzen. Jeder Spieler setzt zu Beginn einer Runde einen bestimmten Betrag verdeckt aufs Spiel. Die übrigen Spieler wissen nichts vom konkreten Einsatz eines jeden anderen. Die Spieler sitzen vorzugsweise im Kreis und eine Flasche in der Mitte wird gedreht und bleibt auf einen Spieler zeigend still liegen. Dieser Spieler gewinnt seinen Einsatz mit 2 multipliziert zurück und bekommt die fiktiven Coins aus der Bank (nicht von seinem Einsatz-Feld!). Sämtliche Einsätze, die gesetzt wurden (auch der Einsatz des Gewinners) sind verloren und gehen an die Bank. Eine neue Runde beginnt.

Bei weniger Spielern empfiehlt es sich, vor dem Spielen etwas in die Bank einzuzahlen, bei mehr Spielern deckt sich Gewinn und Verlust dann besser.

Es gibt die Klasse der *SPIELER*. Jeder Spieler verfügt über folgende Eigenschaften: Sein Kapital und seinen konkreten Einsatz in der aktuellen Runde des Spiels. Die Klasse *SPIELER* ist fertig konstruiert und sieht so aus:

| *SPIELER* |
| --- |
| kapital: Integer |
| einsatz: Integer |

Wenn jetzt 2 konkrete Spieler erstellt werden, dann könnten diese so aussehen:

| *Fritz:* SPIELER | | *Heinrich:* SPIELER |
|---|---|---|
| kapital: 20 | | kapital: 20 |
| einsatz: 2 | | einsatz: 5 |

Um eine drehende Flasche zu simulieren, wird ein Würfel benutzt oder jemand, der mit Hilfe eines Computers/Taschenrechners eine Zufallszahl ermittelt. Es ist auch möglich, hier noch eine Klasse *WÜRFEL* oder *FLASCHE* zu erstellen, die sich konkreter mit der Prblematik beschäftigt, einen Gewinner per Zufall zu wählen, aber momentan soll das Beispielsystem noch so einfach wie möglich gehalten werden.

Wenn jetzt eine Runde beginnt, wählen alle Spieler einen Betrag aus, den sie setzen möchten (Sie können nicht mehr setzen, als sie besitzen.) und schreiben ihn in die Variable *einsatz* hinein. Gleichzeitig wird der gesetzte Betrag vom eigenen Kapital abgezogen.
Die Flasche wird gedreht, bzw. gewürfelt oder anders ausgelost, und somit der Gewinner ermittelt.
Dieser darf den Betrag, den er selbst gesetzt hat, mit 2 multiplizieren und sich aus der Bank nehmen und seinem Kapital hinzufügen. Jetzt werden alle Summen, die in den jeweiligen *einsatz*-Feldern liegen, der Bank gegeben und die entsprechenden Felder auf 0 gesetzt.

Das Spiel kann noch variiert werden, indem eine Klasse *BANK* hinzufügt wird, die als einzige Variable das Kapital der Bank speichert. Ohne diese Klasse müsste eine Dose oder ein Blatt Papier benutzt werden, um das Guthaben festzuhalten.

## 2.3   Beispiel 2 - System Schule

Schulen sind für die Schüler(innen) nichts neues, sie bestimmen einen Grossteil ihres momentanen Lebens.

Im Beispielsystem *SCHULE* arbeiten wir mit 2 Klassen, da sich in Schulen hauptsächlich 2 Personengruppen bewegen, die *LEHRER* und die *SCHÜLER*. Alle Personen, die wir in der Schule antreffen, gehören entweder in die eine oder in die andere Kategorie.

Sowohl die Lehrer als auch die Schüler haben nun noch gewisse Eigenschaften, die sie ausmachen.

Die *LEHRER* haben die Eigenschaft, dass sie bestimmte Fächer unterrichten, meist mehrere. Deshalb bekommen unsere Lehrer 4 Felder für maximal 4 Fächer, die sie unterrichten.

Die Schüler wiederum haben jeder einen besten Freund (in der selben Schule), einen jeweiligen Klassensprecher, der für ihn zuständig ist, einen Klassenlehrer und ein Lieblingsfach.

| *LEHRER* | *SCHÜLER* |
|---|---|
| fach1: String | besterFreund: SCHÜLER |
| fach2: String | klassensprecher: SCHÜLER |
| fach3: String | klassenlehrer: LEHRER |
| fach4: String | lieblingsfach: String |

Jetzt können von diesen beiden Klassen, die wir zur Verfügung haben, konkrete Objekte (Instanzen) erstellt werden.

Wenn jetzt ein fiktiver Lehrer und 3 fiktive Schüler erstellt werden, bekommt jede der 4 Personen ein Blatt Papier auf welchem die jeweiligen Eigenschaften notiert werden. Diese könnten wie folgt aussehen.

| *MarkusMeier: LEHRER* |
|---|
| fach1: Musik |
| fach2: Informatik |
| fach3: Deutsch |
| fach4: — |

| *Tom: SCHÜLER* |
|---|
| besterFreund: Felix |
| klassensprecher: Max |
| klassenlehrer: MarkusMeier |
| lieblingsfach: Sport |

| *Felix: SCHÜLER* |
|---|
| besterfreund: Tom |
| klassensprecher: Max |
| klassenlehrer: MarkusMeier |
| lieblingsfach: Deutsch |

| *Max: SCHÜLER* |
|---|
| besterFreund: Moritz |
| klassensprecher: Max |
| klassenlehrer: KarlKant |
| lieblingsfach: Englisch |

Hierbei ist es möglich, noch weitere Objekte (Lehrer oder Schüler) dem System hinzuzufügen, teilweise muss das sogar geschehen, wenn ein in sich geschlossenes System entstehen soll. Ebenfalls ist es möglich, den beiden Klassen weitere Eigenschaften zu geben, wie etwa auch bei den Lehrern ein Lieblingsfach zu benennen oder als kleinen Spass einen Lieblingsschüler hinzuzufügen. Auch ist es möglich, ganz neue Klassen zu erstellen, wie die Klasse *FACH*, *RAUM* oder weitere. Jeder muss selbst entscheiden, welche Dinge es in der Schule gibt, die so viele Eigenschaften besitzen, dass es Sinn machen würde, diese als eigene Klassen zu behandeln.

## 2.4   Beispiel 3 - System Post

Es ist anzunehmen, dass jeder Schüler Erfahrungen im Versenden von Briefen hat. Auch dieses Beispielsystem ist an die Lebenswelt des Schülers angelehnt.

Briefe werden in der Regel von Personen an Personen verschickt, es wird also eine Klasse *PERSON* benötigt. Wenn es um das Versenden von Post geht, sind 2 Eigenschaften für Personen erforderlich, der Name der Person und die Adresse.

Des Weiteren wird eine Klasse *BRIEF* erstellt. Neben dem Inhalt selbst benötigt ein Brief einen Adressaten und eine entsprechende Briefmarke. Fehlt eins dieser Dinge, so kann der Brief nicht zugestellt werden. Damit er in einem solchen Fall nicht verloren geht, ist ein Absender von Vorteil. Die Klassen *PERSON* und *BRIEF* sehen wie folgt aus:

| *PERSON* | *BRIEF* |
|---|---|
| name: String | empfaenger: PERSON |
| adresse: String | absender: PERSON |
| | briefmarke: Boolean |
| | inhalt: String |

Jetzt können sich die Schüler fiktive Personen ausdenken, die als Objekte der Klasse *PERSON* erstellt werden. Ebenfalls werden (wenn die Personen erstellt wurden) ein paar Briefe, Objekte der Klasse *BRIEF*, erstellt. Alle Objekte werden auf ein eigenes Blatt Papier geschrieben und könnten etwa so aussehen:

| *John: PERSON* |
| --- |
| name: John Johnson |
| adresse: Johannesplatz 2, 12345 Jüterbog |

| *Mike: PERSON* |
| --- |
| name: Mike Mickey |
| adresse: Mannheimer Str. 10, 10203 Mannheim |

| *Alice: PERSON* |
| --- |
| name: Alice Allison |
| adresse: Antonplatz 23, 23023 Annaberg-Bucholz |

| *Brief001: BRIEF* |
| --- |
| empfaenger: John |
| absender: Mike |
| briefmarke: true |
| inhalt: Alles Gute zum Geburtstag, John! Gruss Mike |

| *Brief002: BRIEF* |
| --- |
| empfaenger: Mike |
| absender: Alice |
| briefmarke: false |
| inhalt: Hallo Mike, sehen wir uns morgen? Gruss Alice |

Es fehlt noch eine Organisation, die das Versenden der Post verwaltet. Im obigen Beispiel müsste z.B. ein Brief zurückgeschickt werden, da er nicht ausreichend frankiert ist. Es wird eine weitere Klasse *POSTZENTRUM* erstellt, die lediglich alle Briefe, die bearbeitet werden müssen in einer Warteschlange hält und sie nacheinander bearbeitet. Da das Beispielsystem möglichst übersichtlich gehalten werden soll, wird nur ein Postzentrum erstellt, es gibt also nur eine Instanz der Klasse *POSTZENTRUM.*

| *POSTZENTRUM* |
| --- |
| brief-warteschlange[]: BRIEF |

| *Postzentrum-Nord: POSTZENTRUM* |
| brief-warteschlange: [Brief001, Brief002, ...] |

Wenn ein neuer Brief aufgegeben wird, so landet dieser am Ende der Brief-Warteschlange im Postzentrum-Nord. Dieses Postzentrum ist nur damit beschäftigt, die Brief-Warteschlange abzuarbeiten und die Briefe auf ihre Briefmarke zu prüfen und sie danach an den Empfänger bzw. den Absender auszuliefern.

Erweitern liesse sich dieses Beispielsystem indem für jede Stadt, aus der Personen existieren, ein eigenes Postzentrum erstellt wird. Wenn die Menge der Briefe so gross wird, dass ein Postzentrum allein sie nicht bewältigt, dann werden die Briefe nicht mehr nur von einem Postzentrum verarbeitet. Die Post wird dann nicht direkt an den Adressaten ausgeliefert, sondern an das zuständige Ziel-Postzentrum. Nur, wenn das Ziel-Postzentrum das eigene ist, dann gehen die Briefe direkt an den Empfänger. Somit erreichen Briefe in die eigene Stadt schneller ihr Ziel und tangieren die anderen Postzentren nicht.

# 3 Implementierung der Einführungsbeispiele

## 3.1 Überblick Greenfoot

Greenfoot[4] ist eine recht einfache Entwicklerumgebung, die auf grafische Anschaulichkeit setzt. Die Sprache Java wird vollständig unterstützt und es lassen sich auf einer gerasterten Grundfläche verschiedene Objekte erstellen, die miteinander interagieren können. Besonders geeignet ist Greenfoot um Programmieranfänger an Java heranzuführen und speziell an das Konzept der Objektorientierten Programmierung, da alles auf Klassen und Objekten basiert. In der Regel gibt es ein hohes Mass an Anschaulichkeit, da für jedes Objekt eine methode `act()` existiert, die schrittweise ausgeführt wird und in die auch Bewegungen eines Objekts geschrieben werden können.

Alles in anpassbar und es lassen sich problemlos neue Raster, Klassen oder beliebig viele Objekte hinzufügen und selbst programmieren.

---

[4]www.greenfoot.org

Greenfoot lässt sich kostenlos unter www.greenfoot.org herunterladen (für MS Windows, Macintosh und UNIX) und es sind bereits standardmässig mehrere Szenarien enthalten, die einen guten Einstieg gewährleisten. Neue Szenarien lassen sich problemlos erstellen, wenn das notwendige Grundverständnis des Programms vorhanden ist. Bereits vorgegebene Szenarien lassen sich aber auch gut als Ausgangspunkt für neue Umwelten benutzen.

## 3.2   Greenfoot-Realisierung vom Flaschendrehen

Aus Günden der konkreten Umsetzung differiert die Flaschendrehen-Simulation an manchen Stellen vom obigen, abstrakten Beispiel.

Es gibt genau 5 Spieler. Mehr oder weniger wären denkbar, aber für 5 ist es umgesetzt. Die Spieler haben ein Guthaben von 50 Coins und können 1 bis 3 Coins einsetzen. Sie können auch nichts setzen und dennoch mitspielen, dann sind Gewinn- und Verlustchancen gleich und das kommt einer ausgesetzten Runde gleich. Die Spieler können nur setzen, wenn sie soviel auch besitzen. Wenn sie keine Coins mehr haben, dann nehmen sie noch teil, allerdings setzen sie dann dauerhaft aus und können nicht mehr ins Plus kommen, da es keinen Kredit gibt.

Da die Chance zu verlieren grösser ist als die Gewinnchance läuft jedes Spiel nach ausreichend Runden darauf hinaus, dass jeder Spieler pleite ist und die Bank die gesamten Coins des Spiels besitzt. Leider ist es nicht möglich, die Coins direkt neben dem jeweiligen Spieler anzeigen zu lassen, deshalb muss für jeden Spieler / Bank ein kleines *Inspect*-Fenster geöffnet werden (per Rechtsklick auf das Objekt) um die Variableninhalte zu sehen. Um nicht nach wenigen Sekunden am Ende zu sein, sollte die Geschwindigkeit der Simulation auf *ganz langsam* gestellt werden bzw. jeder Schritt einzeln ausgeführt werden (per Klick auf *Act* an Stelle von *Run*).

Die Simulation wird rundenweise gesteuert durch die Flasche, das Objekt *flasche1*.

## 3.3 Greenfoot-Realisierung vom System Schule (Ansatzüberlegungen)

In der Umgebung *Schule* sind es vor allem die Beziehungen zwischen den Personen, die das System interessant machen. Es gibt (im abstrakten Beispiel) keine Aktion, keine sichtbare Bewegung, die sich optisch darstellen lässt. Es wäre möglich, eine vordefinierte Anzahl an Lehrern und Schülern auf einem Feld darzustellen, die in Instanz-Variablen ihre Verknüpfungen speichern. Gegebenenfalls könnten auch weitere Personen (Schüler wie Lehrer) hinzugefügt werden, doch auch dann ist es nötig, die Verknüpfungen für `klassensprecher`, `besterFreund` oder `klassenlehrer` manuell zuzuweisen. Und selbst dann fehlt noch jedwede Bewegung im System und der Sinn erschliesst sich nur dem, der es mit erstellt hat. Für alle anderen wäre es nur ein Bild auf dem scheinbar wahllos Objekte herumstehen.

Die Verknüpfungen, die beim System Schule entstehen, lassen sich viel besser in einer Grafik darstellen, als in einer Umgebung wie Greenfoot. Wenn in einer Skizze an der Tafel Personen hinzugefügt werden, dann sind die neu entstehenden Beziehungen schneller und logischer einzuzeichnen und es lässt sich mit einem Blick das System erfassen (solange die Komplexität überschaubar bleibt, was angesichts der Tafelgrösse meist realistisch ist).

Ebenfalls wäre es möglich, ganz beim abstrakten Beispiel zu bleiben und ausschliesslich Kennkarten, ähnlich den *CRC Karten*[5] zu verwenden, die wie im obigen Kapitel aussehen. Dabei ist es denkbar, dass jeder Schüler der Klasse eine CRC Karte bekommt und diese dann gemeinsam *gefüllt* werden.

| *Tom: SCHÜLER* |
| --- |
| besterFreund: Felix |
| klassensprecher: Max |
| klassenlehrer: MarkusMeier |
| lieblingsfach: Sport |

---

[5] *Class-Responsibility-Collaborator Cards*, von Ward Cunningham (Wyatt Software Services, Inc.) entwickelte Methode zum Entwurf und Veranschaulichung Objektorientierter Inhalte und Beziehungen

Wenn es in der Klasse Erweiterungsvorschläge gibt, dann lassen diese sich mit Hilfe der CRC Karten ebenfalls sehr gut einbinden.

## 3.4 Greenfoot-Realisierung vom System Post

Die Umsetzung der Post-Umgebung in Greenfoot ist für 4 Häuser (Adressen) und eine Post implementiert. Zusätzlich gibt es wandernde Briefe, wovon jedoch immer nur einer sichtbar ist.

Nacheinander sendet jedes Haus einen Brief an ein beliebiges anderes Haus ab, und der Weg dieses Briefes über die Post lässt sich optisch verfolgen. Es kann passieren, dass ein Brief ohne Briefmarke abgeschickt wird, dann wird er von der Post nicht weitergeleitet sondern geht direkt an den Absender zurück.

Es wäre auch möglich, mehrere Briefe parallel zu versenden, jedoch würde die Übersichtlichkeit der Animation deutlich darunter leiden, deshalb gibt es immer nur einen Brief der sich bewegt.

Ebenfalls aus Gründen der Überschaubarkeit gibt es im Greenfoot-Szenario keine Klasse *PERSON* sondern nur *HAUS*. Wenn die Briefe an konkrete Personen gehen würden, dann müsste noch zusätzlich eine konkrete Adresse angegeben werden, andernfalls müssten die Personen im Szenario feste Positionen bekommen, was nicht besonders realitätsnah ist. Eine Klasse *PERSON* gekoppelt mit *HAUS* liesse sich aber bei Bedarf hinzufügen.

Die schrittweise Steuerung liefert die Post, die danach auszuführenden Brief-Funktionen sind in der Klasse *HAUS* implementiert und werden von den jeweiligen Haus-Instanzen aufgerufen.

## 3.5 Vergleich der Greenfoot-Realisierungen

Wenn es um die Anschaulichkeit der Beispielsysteme geht, dann fällt das Beispiel 2, das System Schule von vornherein raus. Eine anschauliche Darstellung mit Hilfe von Greenfoot war nicht möglich im Hinblick auf die Ausgangsfragestellung.

Das System des Flaschendrehens ist als Animation hübsch anzusehen. Die Spielfläche ist übersichtlich und die auf Gewinner zeigende Flasche gut erkennbar.

Allerdings ist es nötig, die *Inspect*-Fenster für die jeweiligen Objekte zu öffnen, um überhaupt eine Änderung der Variableninhalte zu sehen. Mir ist es leider nicht gelungen, die Variableninhalte in der Nähe eines Objekts direkt auszugeben, vielleicht gibt es eine solche Funktion auch nicht, sie wäre jedoch in manchen Fällen bestimmt sinnvoll.

Ausserdem läuft die Simulation selbst bei langsamster Greenfoot-Geschwindigkeit noch zu schnell ab. Auf dem ersten Blick ist daher nur eine sich hektisch bewegende Flasche zu erkennen, deren Sinn es erst noch zu erschliessen gilt.

Das Beispielsystem *Flaschendrehen* in Greenfoot ist demnach kein selbsterklärendes System, sondern muss erläutet werden, sonst ergibt die *"zappelde"* Flasche keinen Sinn.

Ein weiterer Punkt, der diese Simulation problematisch macht, ist, dass es nicht ohne Weiteres möglich ist, weitere Spieler dem Feld hinzuzufügen. Es wäre zwar denkbar, mit mehr oder weniger Spielern zu spielen, jedoch müsste dafür die Simulation geändert werden. Die Besonderheit von Greenfoot, im laufenden Programm Objekte hinzuzufügen und zu verändern, ist hier nicht benutzbar.

Wer um die Schwächen der Simulation weiss, einen langsamen Computer benutzt und vorher genügend Erklärungen abgibt, kann sie aber dennoch benutzen und als Anschauungsmaterial verwenden.

Dagegen betrachtet ist die Simulation des Postsystems auf dem ersten Blick erheblich anschaulicher. Die Geschwindigkeit ist angemessen und die einzelnen Briefe lassen sich gut erkennen und verfolgen. Die Post ist als solche gut sichtbar und es lässt sich gut vorstellen, wie die Briefe bei der Post eingehen und verteilt bzw. zurückgeschickt werden.

Ein Kritikpunkt ist hierbei analog zum obigen Beispiel, dass sich keine weiteren Häuser hinzufügen lassen, da das Programm auf diesen konkreten 4 Häusern

basiert. Es lässt sich also auch keins entfernen.
Der Quellcode des Programms ist recht komplex, daher als allgemeines Beispiel für Programmieranfänger wenig geeignet. Wenn allerdings einige Programmierkenntnisse vorhanden sind, dann liesse sich auch in den Quelltext schauen und gegebenenfalls etwas verändern.

Genaugenommen ist der Ablauf der Postumgebung zwar sehr anschaulich, aber möglicherweise im Anblick der Ausgangslage etwas wenig objektorientiert. Ich denke, dass kein Weg daran vorbei führt, das System Post vorher als Objektorientiertes System zu besprechen, bevor die Simulation gezeigt wird. Ohne diese Vorinformationen könnte die Greenfoot-Simulation auch eine allgemeine Darstellung des Post-Ablaufs sein.

# 4   Fazit

Es ist im Rahmen dieser Arbeit deutlich geworden, dass es verschiedene Methoden gibt, um Beispielsysteme zur Objektorientierten Programmierung anschaulich zu machen. Die Beispielwelten aus Greenfoot eignen sich hervorragend, um eine objektorientierte Denk- und Arbeitsweise zu zeigen, allerdings haben diese oft wenig mit der Realität zu tun.
Beim Versuch, 3 Beispielsysteme aus der Umwelt der Schüler zu benutzen, hat sich gezeigt, dass diese etwas schwieriger mit Greenfoot umzusetzen sind, eines sogar gar keinen Sinn macht als Greenfoot-Variante (System Schule).

Ich habe die 3 Beispielsysteme gewählt, um sehr dicht an der Schülerumwelt zu bleiben. Es ist vermutlich sinnvoller, in Zukunft bei der Beispielauswahl einen Kompromiss zu finden, bei dem die Beispiele auch in der Umsetzung ein hohes Mass an Anschaulichkeit besitzen. Dass dies möglich ist zeigen die im Greenfoot-Paket enthaltenen Beispielszenarien, die sehr flexible Anwendungsmöglichkeiten mit sich bringen.

# 5 Literaturverzeichnis

- Schwill, Andreas: Fundamentale Ideen in Mathematik und Informatik, 1994; in Didaktik der Informatik, Spektrum Akademischer Verlag, 2. Auflage 2011.

- Boustedt, Eckerdal, McCartney, Mostrom, Rateliffe, Sanders und Zander: Threshold Concepts in Computer Science - a multi-national empirical investigation, 2006.

- Kent, Beck: A Laboratory For Teaching Object-Oriented Thinking, 1989.

- Die Java-Entwicklungsumgebung Greenfoot: www.greenfoot.org (August 2011)